JN438713

그루터기
단상 일지

이 인 詩寫集

그루터기

단상 일지

신아출판사

책을 내며

2021학년도 1학기를 마치고 교단을 내려온다. 1981년 6월 30일 자로 군 복무 소집해제 명을 받고, 7월 10일 자로 전북 부안군 주산중학교 영어교사로 부임했다. 1982년 3월 이후엔 대학원 학위과정과 대학에서의 교육에만 전념해 왔다. 이제 정년이다. 그간 이런저런 도움을 주신 많은 분께 약소하게나마 감사를 표하고 싶다.

최근 몇 번에 걸쳐 책 선물을 받았다. 경영학박사인 나영 교수가 자신의 공저 한 권을 보내주었고, 고3 때 담임이셨던 최근호 선생님께서는 운문과 산문을 엮은『나의 글』이란 제목의 책을 보내주셨다. 중학교 교장으로 정년 퇴임을 한 장욱 시인은 자신의 시집을 몇 권 보내주었다. 장 시인은 중학교 때 함께 백일장 대회에 나가곤 했던 벗이다. 작년과 재작년엔 글 다듬이로 일하면서 작가로 활동하는 박갑순 님이 자신의 수필집과 동시집을 보내주었다. 박 작가는 주산중에 재직할 당시 학생이었다. 대학원 진학을 위해 한 학기를 마치고 영어교사직을 그만두었는데 박 작가는 기억해 주었다. 2년 전엔 언어학자이며 시인인 안정근 교수의 두 번째 시집을 받았다. 고3 때 급우인 임동승 님은 사회관계망서비스 SNS를 통해 매일 시 한 편씩을 배달해 주고 있다. 고마운 분들이다.

요양병원에 계시는 어머닐 찾아뵈면서 기억의 소중함을 새삼 깨닫는다. '기억에는 한계가 있다. 기록하자. 기록물은 오래 기억될 수 있다. 늦었다고 생각될 때가 바로 시작할 그때다.'

사람들이 새해 첫날 일출을 보며 소망을 빌 때, 시詩 형식으로 일상의 단상을 적어 보기로 마음먹었다. 여기 수록된 시의 차례는 화제가 떠오른 순서대로이다.

시詩와 사진寫이 모여 한 편의 서사敍事가 되길 바라며 이 책을 썼다. 삽입된 사진 중 무료로 내려받기할 수 있는 인터넷 자료와 딸이 찍은 사진에는 해당 사진 하단에 출처를 밝힌다. 나머지는 직접 찍고 손수 그렸다.

기대 반, 염려 반으로 첫 시사집詩寫集을 출간한다. '문득 드는 생각도 글감이 되며 한 편의 시가 될 수 있구나.'라고 한 분이라도 공감해 주시길 기대해 본다. 책을 읽는 대신 미디어 시청을 더 즐기는 시대에 과연 얼마나 읽힐지 염려가 되기도 한다. 한 그루 나무가 또 베여 나가는 데 일조하지는 않길 바랄 뿐이다.

출판계가 전반적으로 어려운 상황임에도 졸작 출간을 흔쾌히 승낙해 주신 신아출판사 서정환 사장님과 이종호 편집국장님을 비롯한 임직원 여러분의 노고에 감사를 드린다. '꿈보다 해몽'이라고, 과분한 찬사로 발문跋文을 써 준 장욱 시인께도 고마움을 전한다.

신축년辛丑年 유월 칠일

그루터기 이인

그루터기 단상 일지

차 례

6 책을 내며

1부
12 보물을 하늘에 쌓아 두라!
16 인사
20 물
22 엄니, 그 총기聰氣 다 어데 두셨소?
24 결혼 덕담
28 포길 더하면 반점, 빼면 온점.
32 웃픈 언어생활
34 베틀못 물새
38 '거리 두기' 하는 사이
40 신축년 원단 기원
42 두 아이AI

2부

46 단위單位
50 차선
52 매화
54 2021학년도 1학기 개학
56 아침 안개
58 십자가 형상의 나무
60 봄을 봄
62 지구의 날에
64 4월의 베틀못
66 딱새
68 개구리

3부

72 무박 캠핑 1
74 개개비
76 원앙
78 무박 캠핑 2
80 아내의 바람
82 홀로 욜로
84 맥심 공유
86 비밀번호
88 태극기
90 꾀꼬리
92 손길

발문
거울 앞에서 — 장 욱 시인 96

ㄲ

보물을 하늘에 쌓아 두라!

먹을 것 예전엔 곳간에 쌓았네
가을걷이 끝나면 나락 가마니를
가마니에 다 담지 못하면 나락째
언젠가 쓸 것 자리도 곳간이었네
대바구니, 채반, 소쿠리는 시렁에
망태기는 벽에, 쌀 뒤준 마루 한 켠에[1)]
"허투루 쓰지 말고 잘 쟁여두어!"

사라에[2)] 쓰러져 잠기고 파묻힌 벼
흙모래 헤집고 두엇씩 묶어 세우며
한 톨이라도 더 건져보려 애쓰시던 어른들
그해 가을 곳간 공간空間으로 채워지고
쌀 뒤준 채 반도 차지 않았어도
대여섯, 예닐곱 아이들 어느새 할아버지 할머니 됐네
"뭐니 뭐니 해도 한국 사람은 밥심이여!"

할아버지 두루마기 속주머니엔 은색 동전
그 아들 호주머니엔 누렇고 퍼런 지폐
손주 지갑엔 달랑 신용 카드 하나
증손주 조막손엔 스마트폰 한 대
곳간이나 금고 없이도 얼마든 사고파네
"어데 싸놓고 저리 펑펑 쓰는 겨[3)]"

---

1) 국립국어원 온라인가나다에 따르면 '켠'은 '편'의 잘못이라 함.
2) 1959년 9월 12에 발생하여 19일에 소멸한 역대 최강 태풍 중 하나 (태풍번호 5914 국제명 Sarah).
3) '쓰는 것이야?' 또는 '쓰는 걸까?'의 전라도 말.

할아버지 붓으로 작기장[1] 적으실 적에
그 아들 연필로 가계부 적고 타자기로 편질 썼네
손주 컴퓨터 데스크톱, 랩톱, 노트북으로 바뀌고
“스마트폰 하나면 뭐든 다 할 수 있다!”
천방지축 증손주 신바람 난 자랑질
“도대체 어데 저장하고 어디서 꺼내는 겨”

클라우드cloud,
아이클라우드icloud,
클라우드 스토리지cloud storage,
…
“클라우드cloud는 구름인디[2]…”

주님 말씀하셨네
“오직 너희를 위하여 보물을 하늘에 쌓아 두라” (마 6:20a)[3]

---

1) 잡기장(雜記帳)의 전북 말.
2) ‘구름인데’의 전북 말.
3) ‘신약성경 마태복음 6장 20절 상반절’을 가리킴.

딸이 찍은 사진

인사

동이 트자마자 동구 밖에 나온 귀동이
곰방대 물고 제위답 둘러보는 순이 할아버지께
"어디 가세요?"
머리에 물동이 이고 종종걸음 놓는 철이 엄마께
"안녕하세요?"
누런 황소 몰고 식전 논갈이 가는 쌍둥이 아빠께
"진지 잡수셨어요?"

두세 정류장 지나자마자
발 디딜 틈 없는 시오리 등굣길 첫차
무릎에 올려놓은 중학생 책가방 집채만 하고,
포도시[1] 들여놓은 읍내 할매[2] 보퉁이 왕산만 하네.
"이리 앉으세요!"
"아이고, 니도[3] 책가방이 무거울 틴디[4]…"

---

1) '겨우'의 전라도 말.
2) '할머니'의 전라도 말.
3) '너'의 전라도 말.
4) '텐데'의 전라도 말.

걸어서 등교한 초등학생 하굣길
학원 버스 내리며 안에 남은 친구에게
"안뇽!"
새벽 통학 버스 타고 등교한 고3 수험생
늦은 밤 마중 나온 엄마에게
"…"

어찌어찌 시간 맞춰 출근한 신입사원
앞서 출근한 상사와 동료에게
"좋은 아침[1]입니다!"
"좋은 아침!"

백수 면하려 열공[2]중인 취준생[3] 귀갓길
종일 기다리다 반기는 반려동물에게
"순돌아, 엄마 왔다!"
"옹아, 아빠 왔다!"

사귄 지 몇째 날인지 날마다 헤아리며 확인하고
시도 때도 없이 문자 주고받는 청춘 남녀
"내 꿈 꿔!"
"굳밤!"[4]

---

1) 영어 'Good morning!'을 직역한 신조어.
2) '열심히 공부함'을 뜻하는 신조어.
3) '취업준비생'의 줄임말.
4) 영어 단어 'good'과 우리말 '밤'을 합성한 신조어.

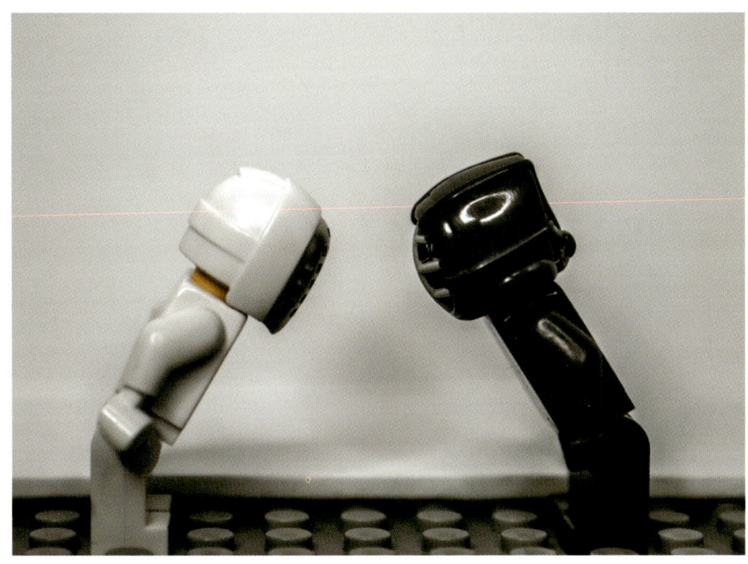

Photo by Stillness In Motion on Unsplash

Photo by Ioana Cristiana on Unsplash

물

"깊은 산속 옹달샘 누가 와서 먹나요♪"
동요를 부르던 철이
물은 언제 어디서든 마실 수 있었네.

"미국에 갔더니 물을 다 사 먹더라고!"
80년대 해외여행 다녀온 철이
이젠 어디 가든 생수병부터 챙기네.

"마실 물이 없어요!"
연이은 태풍과 폭우로 이재민 된 철이네
넘쳐나는 물이건만 마실 물은 귀하네.

"기상起床 직후 마시는 물 한 잔이 보약이여!"
이른 아침에 잠 깨어 거실로 나온 철이
언제든 얼마든 정수기 물 마시네.

"돈 물 쓰듯 허지 마러![1]"
헤푸게[2] 써재끼던[3] 기분파 철이
물도 사 먹는 세상, 짠돌이 되었네.

---

1) '하지 말다'의 활용형 '하지 말아라' 또는 '하지 마라'의 전라도 말.
2) '헤프게'의 전라도 말.
3) '마구 쓰던'의 전라도 말.

엄니, 그 총기聰氣 다 어데 두셨소?

여남은 식솔 삼시 세끼에 사대조四代祖 기제사忌祭祀
올망졸망 새끼들 생일과 시누 시아재[1] 혼수 준비까지
다이어리 없이도, 스마트폰 일정 알림 없이도
엄니는 해냈네

사시사철 해 뜨면 제각골 논으로 뒷동 밭으로
춘하추동 밤늦도록 등잔 밑 반짇고리 동무 삼고
휴가, 방캉스, 해외여행, 뭔지도 모른 채
엄니는 해냈네

기제사 모신 이마다 음복 꾸러미 한 봉지
정초 세배객 맞아 몇 번이고 차려낸 다과상
마지못해서 하거나 억지로 함 없이
엄니는 해냈네

한동네 대소사엔 뉘 댁 뉘 댁 가림이 없고
하룻밤 묵을 데 마땅찮은 길손 내친 적 없이
그저 안타까운 마음에 정성을 다해
엄니는 해냈네

1) '남편의 남동생'을 가리키는 전북 말.

두어 해 전 기억 자字로 굽은 허리 휠체어에 부린 채
아들딸 몇인지 헤아리며 열까진 세시고
함께 산 손주들 이름은 부르시더니만
"엄니, 그 총기聰氣 다 어데 두셨소?"

코로나19로 유리창 너머로만 뵙는 쇠락한 모습
양손엔 치매 장갑 코엔 음식물 주입 사관蛇管
누가 왔는지 누군지 알아보지 못하셔도
"엄니 또 올게요!"

Photo by Josh Appel on Unsplash

결혼 덕담

팔 남매 여섯째 시집가는 날 연이어 둘러친 차일 아래 초례상
알밤, 대추, 화촉, 청홍 보자기에 싸인 암수 닭 한 쌍
신랑은 사모관대, 신분 원삼 족두리에 연지 곤지
신행길 배웅하는 올케 눈가엔 시원섭섭함 가득
"애기씨[1] 가서 잘 사씨요.[2]"

부산댁 외동딸 시집가는 날 부산스런 결혼예식장
검은 머리 파뿌리 되도록 백년해로百年偕老 하고
부모 봉양 동기간 우애 잘하라는 한결같은 주례사
폐백 올린 신부 앞자락엔 밤 대추 한 움큼에 덕담 한마디
"먹을 것 다 타고낭께[3] 아들딸 많이 낳거라."

상주댁 막내아들 결혼식 준비하려 웨딩플래너wedding planner 상담
신랑은 턱시도 양복, 신분 면사포 웨딩드레스에 부케 한 다발
예물 교환, 혼인서약, 성혼선언, 부부 행진에 덕담 세례
"딸 아들 구분 말고 둘만 낳아 잘 키워라!"
"잘 키운 딸 하나 열 아들 안 부럽다."

---

1) '아가씨'의 전북 말.
2) '사시오.'의 전북 말.
3) '타고나니까'의 전북 말.

혼기 놓친 아들 백수 된 지 오래고 결혼은 언감생심
미팅이고 중매고 어그러질 적마다 백암댁 가슴은 숯덩이
이도 저도 안 되니 말도 안 통하는 외국 며느릴 들이자네
"말 쪼께[1] 안 통하면 어쪄,[2] 아들딸 낳고 잘 살면 그만이제 [3]"

가뭄에 콩 나듯 전해지는 뉘 댁 뉘 댁 혼인 예식 청첩장
신부 손 잡고 입장하는 혼주나 주례 모습 보기 점점 힘들어도
신혼부부의 힘찬 새 출발을 축하하며 전하고픈 인사
"믿음, 소망, 사랑, 이 세 가지는 항상 있을 것인데
그중의 제일은 사랑이라" (고전 13:13)

---

1) '조금'의 전라도 말.
2) '어떻다는가'의 전북 말.
3) '그만이지'의 전북 말.

Wedding Party

딸이 찍은 사진

포길 더하면 반점, 빼면 온점.

"연애는 필수 결혼은 선택"
연애, 결혼, 출산 꺼리는 삼포 세대三抛世代
취업, 내 집 마련 포길 더하면 오포五抛
건강, 외모 관리 포길 더하면 칠포七抛
희망, 인간관계 포길 더하면 구포九抛
다음엔 엔포n抛
그다음은?
3, 5, 7, 9, … n, … ∞

구포에서 인간관계 포길 빼면 팔포八抛
희망 포길 빼면 칠포七抛
외모 관리 포길 빼면 육포六抛
건강 포길 빼면 오포五抛
내 집 마련 포길 빼면 사포四抛
취업 포길 빼면 삼포三抛
출산 포길 빼면 이포二抛
결혼 포길 빼면 일포一抛
연애 포길 빼면 영零
9, 8, 7, 6, 5, 4, 3, 2, 1, 0.

포길 더하면 반점,
빼면 온점.
더하면 한限 없네
줄이고 빼서
삼三 말고 영零에서
다시 시작하세!

‘너’가
‘나’와 만나
‘우리’ 됨 같이
때로는 따로따로
때론 힘을 모아 같이
합심하여 선을 이루세!

Photo by Maxime Lebrun on Unsplash

Photo by Michał Parzuchowski on Unsplash

웃픈 언어생활

오리엔테이션orientation은 새내기 새로 배움터
홈페이지homepage는 누리집
구어口語 spoken language는 입말
문어文語 written language는 글말
헐, 대박!

데스크톱 컴퓨터desktop computer
데스크톱인가, 데스크탑인가?
컴퓨턴가, 콤퓨턴가?

데스크톱 컴퓨터desktop computer는 '탁상 전산기'
랩톱 컴퓨터laptop computer는 '경량 전산기'?
노트북 컴퓨터notebook computer는 '휴대전산기'?
스마트폰smartphone은 '지능형 손전화기'?

데스크톱 컴퓨털 줄여서 '데스크톱'
랩톱 컴퓨턴 '랩톱'
노트북 컴퓨턴 '노트북'

'새내기 새로 배움터' 두 글자로 줄이면 '새터'
탁상 전산긴 '탁전'?
경량 전산긴 '경전'?
휴대전산긴 '휴전'?
지능형 손전화긴 '지손'?
웃프다!

LG
SAMSUNG

베틀못[1] 물새

코로나19로
새 일상이 된
안 됨과 못 함

따스한 햇볕이 그리워
베틀못 새들이 날 불러내
순환산책로 덱deck 위를 걷네

한가로이 노니는 물새들
모두가 다 '오리'는 아니련만
사람들은 통틀어 '오리'라 부르네

흰죽지, 검은죽지, 흰뺨검둥오리,
청둥오리, 넓적부리,
물오리, 쇠오리,
물닭, 쇠물닭,
논병아리

바지런히
물갈퀴 저어
제각각 몸을 띄우고
쉼 없는 자맥질로
살을 찌우네

1) 전주시 덕진구 만성지구와 혁신도시 사이에 있는 '기지제'의 옛 이름.

물가로 맴돌던
숲오리[1] 한 마리
오늘은 보이질 않네
'어디론가 날아간 거니?'
'어딘가서 잘 지내고 있는 거지?'

물 위로만
한눈파는 사이
"푸드덕, 꿔엉 꿩"
올해 들어 첨 모습 보인
까투리와 장끼
한 쌍

반가움에 절로 눈이 가는데
눈 깜짝할 새 몸을 숨기네
마른 물억새
사이에

1) 조류도감에서 확인이 안 되어 인터넷 검색엔진에서 찾은 이름.

'거리 두기' 하는 사이

책 볼 때
삼십 센티미터
눈과 거리 두기

앞으로 나란히
사오십 센티미터
앞 사람과 거리 두기

붐비는 곳곳
이백 센티미터
사회적 거리 두기

출입국 봉쇄
영零 센티미터
예방적 거리 두기

이런저런 '거리 두기' 하는 사이
눈 깜짝할 새 멀어지는
우리 사이

머리서 가슴 지나 발끝까지
가깝고도 먼 사이
아쉬운 정情

신축년 원단 기원

2021년 1월 1일
새해 첫날

2021년 2월 12일
신축년 정월 초하루

이중과세 논란 있어도
'신축년 설날'은
바로 이날

미처 전하지 못한 새해 인사
마저 전할 수 있는
고마운 날

신축년 정월 초하룬 누군가의 회갑일
2월 12일은 아무아무개 결혼기념일
두 곱절, 세 곱절 기쁜 날

"백우대왕白牛大王 납신다."
"코로나19, 냉큼 물렀거라!"

뚜벅뚜벅 우직한 소걸음으로 나아갈 때
'코로나19 극복의 해' 신축新築되는
신축년辛丑年 되도록, 주여
도와주옵소서!

두 아이AI

두 아이가 태어났어요!

한 아이는
가금류 사육 농가에 큰 시름 더해 줄
철새 아이

다른 아인
무한상상 부추기며 거침없이 진화하는
인공 아이

한바탕 휩쓸고 지나갈 바람이런가
제동장치 고장 난 채 내리막길 치닫는 기관차런가

“에이, 아이 아니지!”
“에이 아이지!”

Photo by Owen Beard on Unsplash

그루터기 단상 일지

2

단위單位

천 리 길도 한 걸음부터란 말 삼척동자도 알고
구척장신 허풍쟁이 말로 배워 되로 풀어먹네

천석꾼에 천 가지 걱정 만석꾼에 만 가지 걱정
산수[1] 시험 앞둔 국민학생[2] 걱정이 태산

1킬로미터(㎞)는 1000미터(m)
1미터는 100센티미터(㎝)
1센티미턴 10밀리미터(㎜)
"1미터는 몇 밀리미터인가요?"

1리터(ℓ)는 10데시리터(dℓ)
1데시리터는 100밀리리터(mℓ)
"1리터는 몇 밀리리터인가요?"

1킬로그램(kg)은 1000그램(g)
"1그램은 몇 밀리그램(㎎)인가요?"

옛적 일기장 날씨 칸
해, 비, 눈, 구름만 구분하면 되고
고드름 꽁꽁 언 추운 겨울도 방한대 하나면 거뜬했네

---

1) 국민학교 시절(1941년-1995년) 교과목 명칭임.
2) 1941년부터 1995년까지 초등교육기관 명칭이었던 '국민학교' 재학생을 가리킴.

미세입자 크기 단원 마이크로미터(㎛)
미세먼지 농돈 세제곱미터 당 마이크로그램(㎍/㎥)

삼한사미三寒四微가[1] 일상이 된 기후변화 시대
미세먼지(PM10) 초미세먼지(PM2.5) 농도 구분은 필수 환경지수

미세먼지 0~30㎍/㎥, 초미세먼지 0~15㎍/㎥이면 '좋음'
미세먼지 31~80, 초미세먼지 16~35면 '보통'
미세먼지 81~150, 초미세먼지 36~75면 '나쁨'
미세먼지 151 이상, 초미세먼지 76 이상이면 '매우 나쁨'

시도 때도 없이 찾아오는 불청객 황사
한 번도 겪어보지 못한 코로나19 세계적 대유행
마스크 구분은 이 시대 필수 보건 상식

0.6㎛ 미세입자 80% 이상 걸러내는 KF80
0.4㎛ 미세입자 94% 이상 걸러내는 KF94
0.4㎛ 미세입자 99% 이상 걸러내는 KF99

"오늘은 뭘 쓰고 나가야 되나?"

---

1) 우리나라 겨울철 날씨의 특징이었던 '삼한사온(三寒四溫)'에 빗대어 '사흘 춥고 나면 나흘은 미세먼지 나타난다.'는 요즘 날씨를 가리키는 말.

Photo by Thomas Park on Unsplash

차선

도로 위 자동차
주행 방향 구분 짓는 차선

앞지르기 시도하려는 운전자
추월 금지하는 흰색 실선
허용하는 흰색 점선[1)]

넘으면 안 되는 황색 실선
절대 안 되는 황색 이중 실선

점선은 일시적 허용
실선은 추월 금지

좌 점선 우 실선은 복선
왼쪽 실선 오른쪽 점선도 복선
점선 쪽에서만 차로 변경 가능한 복선

넘을 수 있는 점선
넘지 말아야 할 실선
어느 쪽이 점선인지 살펴야 할 복선

"선, 선, 선, 선을 지키자!"

---

1) 도로 위 점선은 실제 점선이 아님에도 '점선'이라 칭함.

매화

"와, 매화다!"

며칠 전 전해진 남녘 꽃 소식
어느새 우리 곁에도 와 있었네

개나리꽃 시샘이라도 하는지
잎도 피기 전 꽃망울 먼저 터트리네

모진 겨울 한파 이기고 맨 먼저 꽃을 피우니
매란국죽梅蘭菊竹 사군자四君子 중 으뜸일세

초여름 청홍 실과 맺어 장아찌로 음료로 거듭나니
요런조런 건강식품 중 제일일세

맨 먼저 꽃 피워 반가움과 기쁨 선사하고
건강에 좋은 식음료로 거듭나니

"네가 참 좋다!"

2021학년도 1학기 개학

반갑게 인사하며 재잘대던 모습 간데없고
한산하다 못해 적막감마저 도는
초등학생 등하굣길 보행로

봄이 왔건만 봄 같지 않고
개학했어도 개학 같지 않네

비대면 강의 진행하는 교사도
참여하는 학생도
데면데면

대면 수업 허용된 교실이라고
별반 다르지 않네

홀로 설 수 없어
서로 기대야만 하는
사람 인人

기대어 소통하는 대면 수업
속히 재개되길
바라네

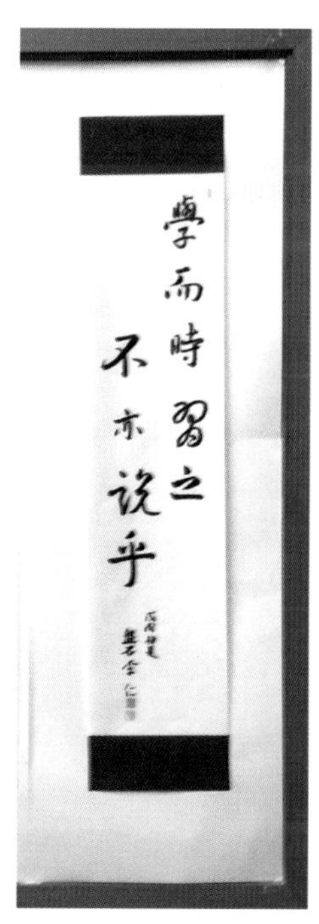
學而時習之
不亦說乎

아침 안개

요사이 날이 푹하더니
자욱한 안개가 새벽을 여네

"고풀[1] 들라 문 닫아라"
환기하려는 손주 말리는 할머닌 우리 집 주치의

"아침 안개가 중 대가리 깬다"[2]
안개 걷히면 한낮 기온 오른다는 할아버진 기상예보관

외출과 만남 가로막는 코로나19
어느 때쯤 잡힐지 오리무중五里霧中일세

햇볕 나면 사라지는 아침 안개
코로나19 백신이 햇볕 되면 좋겠네

짙은 안개 속에 갇힌 운전자
안개등 비상등 모두 켜고 안전 운행에만 초집중하듯

코로나19 변이 확산이 예고된 상황
마스크 착용과 감염병 예방수칙 준수에 더욱 힘쓰세

---

1) '감기'의 전라도 말.
2) '안개'와 관련된 우리말 속담.

십자가 형상의 나무

혁신동 호수 마을 앞 산책로 호숫가
십자가 형상의 나무 한 그루

잎 피기 전이라 그 이름 알 수 없고
호수를 향해 있으니 누운 건지 서 있는 건지

지나다니는 사람들 무심코 나누는 대화 다 들어주고
덤불 속 숨바꼭질에 지친 뱁새에겐 쉼터 내주네

순환산책로 걸으며 지나칠 적마다 되뇌어 보는
예수님의 십자가와 부활의 의미

'누군가의 목소리에 귀 기울여 본 적 있나?'
'누구에게라도 손 내밀어 본 적 있나?'
'지금 네 십자가를 지고 있나?'

행함 없는 연약한 믿음 회개하며
말씀 순종의 삶 살기로
다시금 다짐해 보네

봄을 봄

봄은

매화, 벚꽃의 연분홍

진달래, 철쭉의 분홍과 자홍

버드나무, 화살나무 새순의 연초록

산수유, 생강나무, 개나리 꽃의 노랑

목련, 조팝나무 꽃의 하양

자목련, 라이락의 보라

명자꽃의 빨강

일곱 빛깔

채색화

지구의 날에

수, 금, 지, 화, 목, 토, 천, 해, (명)[1]
태양계의 세 번째
행성

유일하게 인류가 숨 쉬고 있는
어머니 품 같은
곳

우리에게 정당한 소유권이 없음에도
대놓고 '내 것'이라 주장하는
하늘, 땅, 바다

잠시 빌려 쓰는 공간이련만
북북 선을 그어 경계를 표시하고
끝없이 쌓아 올리려는 수많은 바벨탑

개발이란 미명하에 잘리고 파여도 묵묵히 내어주는 산하山河
쉬 분해되지 않음에도 함부로 버려져
쌓여 가는 스티로폼 포장재

무심코 버려져 홍수에 떠밀려 침전되고
먹이 사슬 따라 축적되어 가는
플라스틱 미세입자

1) 1930년 발견돼 태양계의 9번째 행성으로 지위를 유지해 오다 2006년 8월 24일 자로 행성의 지위를 상실함.

동력, 난방, 취사 위해 무한정 태워대는 화석연료 탓에
쪼개지고 부서져 사라지는
태곳적 빙하

말씀으로 창조하시고 "보시기에 좋았더라" 하신 주님의 세계
이 지경으로 만든 바로 그 장본인 누군가
"보시기에 심히 좋았더라" 하신 사–람–

내 몸같이 아끼고 돌보세, 주님의 세계!
지구의 날에 다시금 떠올리는
아나바다[1]와 플로깅[2]

https://unsplash.com/photos/hzp_aT02R48/download?force=true

1) "아껴 쓰고, 나눠 쓰고, 바꿔 쓰고, 다시 쓰자'의 준말로 IMF 구제금융 요청 사태 발생 이듬해인 1998년 불필요한 지출을 줄이자고 우리나라 국민이 벌인 운동.
2) 스웨덴어 plocka upp과 영어 jogging의 합성어. '조깅하면서 쓰레기 줍기' 운동.

4월의 베틀못

흰뺨검둥오리, 물닭 몇 마리
유유자적 자맥질로 배를 채울 때

미처 떠나지 못한 넓적부리, 새오리
호숫가 퇴적층 덤불 위에서 오술 즐기고

제 세상 만난 듯 도도하게 구는 왜가리
못 윌 선회하다 물가에 내려앉아 깃을 다듬네

무리 지어 노닐던 철새들 보이지 않고
휑하니 텅 빈 4월의 베틀못

이짝저짝서[1] 짝을 부르고 화답하는
장끼와 까투리

알락할미새와 검은머리물떼샌
홍수조절용 배수로서 종종걸음 경주하고

수변 공원 저상底床 산책로 언저리 개똥지빠귄
짝지어 봄볕 즐기네

때가 되면 떠나는 나그네새
언젠가 떠날 우리 인생도 게르솜[2]

1) '이쪽저쪽에서'의 전라도 말.
2) 모세와 십보라 사이에서 태어난 아이 이름으로 "내가 타국에서 나그네 되었음"을 의미함(출 2: 22).

딱새

신록의 오월 하늘 배경 삼아
아파트 단지 내 정원수庭園樹 오가며
맑고 경쾌한 소리 내는
주인공
뉘뇨

얼굴과 날개는 검고
머리서 목덜미까진 회백색
가슴에서 꼬리까진 주황빛 갈색
자신의 존재 알려주는 날개의 흰 반점
아름다운 자태 찍으려는 초보 탐조객 향해선
멋진 포즈 취할 줄도 아는 느긋한 신사
까딱까딱 꽁질 흔들어 대니
딱 보아 알 수 있는
그 이름
딱새

개구리

이른 아침 창을 여니
개구리 울음소리 여름을 알리네
'굴굴굴 리빗리빗리빗'

농산어촌 아닌
아파트촌에서 그 소릴 들으니
놀랍고 정겹네

"근데 개구리가 내는 소릴 왜 울음소리라 하지?"

엄마 말씀 지지리도 안 듣던 아들 개구리
정반대로만 행하는 아들 버릇 고치려
엄만 죽기 전 아들에게 당부했다죠
"죽거든 제발 물가에 묻어다오"
어깃장만 놓고 살아온 아들
시냇가에 엄마 묻고서
자랑스레 하는 말

"엄마가 하라는 대로 했으니 효도한 게지?"

자랑도 잠시 잠깐
비 오고 큰물 지면 엄마 무덤 찾지 못할까 봐
여름철 개구린 저리도 슬피 운다죠

https://unsplash.com/photos/jcWaDfgBppM/download?force=true

무박 캠핑 1

캠핑용품점에 들러 고심 끝에 준비한
바비큐 그릴 세트와 바비큐 숯, 토치와 부집게,
그늘막,[1] 개인용 의자 두 개, 캠핑용 전선릴통 차에 싣고
최고 온도 27도까지 오른 초여름 날씨에
정읍시 국민여가캠핑장[2]에서
첨 시도해 본 무박 캠핑

텐트 설치용 덱deck 위
그늘막 가운데 양 끝에 지주 두 갤 세우려는데
얄궂은 바람이 옆면 날개 이리저리 휘날리며 훼방하네

"지주 고정 끈은 이렇게 고정하시구요.
펙peck에 연결하는 클립이 너무 약하니 대신 이걸 쓰세요.
사은품으로 받은 거니 부담 없이 쓰세요"

옆면 덱에서 퇴실 준비하다 말고 여분의 클립 건네주며 도와준
두어 살, 서너 살, 두 아이 아빠 덕분에 그늘막이 설치되고
조립한 바비큐 그릴 안에 숯을 쌓아 토치로 숯불 피워
향신료 가미한 스테이크 한 덩이 석쇠에 올리니
비로소 무박 캠핑 준비 끝

이 나이 들어 첨 누려 보는 호사豪奢건만
세상에 쉬운 일 하나도 없네

---

1) 통상 '타파' 또는 '타파 천막'으로 불리며 '타파'는 tarpaulin의 줄임말임.
2) 전라북도 정읍시 부전동 내장산로 390에 위치해 있으며 정읍시에서 운영함.

딸이 찍은 사진

개개비

사오월 물가 갈대숲에서 흔히 발견되며
흰 눈썹선, 청회색 다리, 앞가슴 흑갈색 줄무늬로 확인되는
여름철 나그네새

갈대 줄기에 요요히 앉길 좋아하고
무리 지어 지저귀는 소리 시끄러워 귀에 거슬리지만
소리만 듣고도 바로 알 수 있는
그 이름 개개비

누가 시키지 않아도
누가 부르지 않아도
때가 되면 나타나고
때가 되면 떠나가네

짝을 찾아 구애하는 지저귐을
그 누가 '시끄럽다' 하며

매년 이맘때면 항상 여기 이곳에 있는데
그 누가 감히 '찾았노라' 하느뇨

원앙

무박 캠핑 위해 다시 찾은 캠핑장
도착하고 보니 입장 시작 두어 시간 전
먼저 내장산국립공원 단풍터널 산책롤 걷기로
일단 일정 수정

공용버스터미널 인근 주차공간에
차 세워두고 걸어서 매표소에 이르니
눈에 띄는 "참회 기간 무료입장" 안내문
지난 3월 방화로 전소된 대웅전 화잴 참회하나 보다

아내와 둘이서 걷던 길
오늘은 딸이랑 셋이서 걷네
매표소 지나 첫 다리 건너 왼쪽 계곡을 따라
단풍터널로 이어지는 산책론 걷기에 안성맞춤일세

우화정까지 걷고 되돌아 나오는 길
맑은 계곡에서 우연히 눈에 띈 원앙 한 쌍
맨 먼저 내가 목격하고 아내가 이름 확인하니
근처 지나던 이 모두 스마트폰 꺼내 사진 찍기 바쁘네

본디 겨울 철새였으나 지금은 전국 산간계류에서 서식한다는
천연기념물 327호 원앙을 오늘 여기서 보게 될 줄이야
셋이 함께여서 좋았고 원앙을 보게 되어 기뻤던
싱그러운 초여름 어느 멋진 날의 추억

무박 캠핑 2

무박 캠핑 한번 하고 나니 슬그머니 꿈틀대는 욕심
텐트 하나 살까 말까 고민되네

원터치 소형텐트, 알파인 텐트, 중형 돔 텐트, 대형 돔 텐트
종류도 가지가지, 기능 따라 가격도 천차만별

"늘그막 캠핑에 그늘막 하나면 족하지 뭘 더…"
텐튼 다음에 사기로 일단 보류

그늘막 아래서 식사하고, 보드게임 하고, 차라도 마시려면
조립식 탁자 하나 사자는 아내의 제안 접수

휴대용 탁자에 튼튼한 팩 연결 클립 십여 개 추가하고
바비큐 그릴 대신 인덕션 사용하기로 결정

사전 예약 통해 다시 찾은 정읍시 국민여가캠핑장
공휴일이라 전보다 많아진 가족 단위 캠핑족

한번 쳐본 덕에 비교적 순조롭게 설치된 그늘막
그 아래 조립식 탁자 펴고 캠핑용 전선릴통에 인덕션 연결

한결 여유롭게 누린 호사
두 번째 무박 캠핑

딸이 찍은 사진

아내의 바람

아내는 요즈음
집짓기 관련 방송을 챙겨 본다

헌 집 개조해서 되파는 위성 방송 프로
독특한 구조의 집만 소개해 주는 또 다른 위성 방송

의뢰인 요구에 맞는 집을 추천해 주는 지상파 방송 프로
주인 취향대로 지은 집을 건축가 관점에서 소개해 주는 방송

일 층엔 주방과 거실, 응접실과 화장실
이 층엔 방 두 개 화장실 하나에 다락방 추가하겠소

주방엔 디귿 자 조리대, 거실엔 다인용 식탁 세트
주변 풍광 즐길 수 있는 방향엔 방마다 큼직한 창문 내겠소

거실 앞쪽 덱deck 위엔 야외식탁과 바비큐 그릴
처마에 차양 내달고 덱 주위엔 통유리 창에 접이식 출입문 달겠소

앞마당 차고 곁으론 남새밭과 화단을 가꾸겠소
상추 고추 토마토 몇 포기씩 심을 만큼만
철철이 나는 꽃 번갈아 심을 만큼만

요렇게 지었다 조렇게 고쳐 보며
오늘도 꿈꾸는 전원생활

홀로 욜로[1]

홀로 먹는 밥은 혼밥, 홀로 마시는 술은 혼술
뭐든 홀로 하는 시대, 요즘 난 '홀로 살기' 연습을 한다
언젠간 나도 홀몸 될 때가 오리니

아내 레시피[2]대로 만든 통밀 식빵은 아침 식사용
둘째 어려서부터 아내랑 싼 김밥은 나 홀로 시대 점심 도시락
가래떡이나 식빵, 삶거나 구운 감자나 고구마 중 한 가지에
데친 토마토와 브로콜리, 양배추, 셀러리, 바나나, 피망
탄수화물, 무기질 고루 갖춘 영양 만점 식단일세

나만의 맨손 체조로 아침을 여니 이게 바로 홈트[3]
고개 운동, 가슴 운동, 옆구리 운동, 양팔 번갈아 돌리기, 스쾃[4]
숨 고르기, 박수하기, 손가락 끝 마디마디 번갈아 지압하기
손끝으로 두피 마사지, 양손 마주 비벼 안구 감싸기
두 손으로 양쪽 귓바퀴 접어 눌렀다 떼기
두 다리 최대한 벌리고 앉아 상체 앞으로 굽혀 늘이기
앉은 채 다리 모아 앞으로 뻗고 상체 구부려 양팔 내밀기
윗몸 일으키기, 무릎 꿇고 양팔 짚은 채 상체만 푸시업[5]
팔굽혀 펴기로 마무리하며 스스로 건강 챙기네

요래조래 시도해 보는 홀로 욜로

---

1) You Only Live Once (YOLO): 현재의 행복을 중요하게 여기는 생활 방식.
2) recipe를 가리키는 외래어로 아직 규범 표기는 미확정임.
3) 홈 트레이닝(home training)의 줄임말.
4) squat의 외래어 표기.
5) pushup 또는 push-up의 외래어 표기로 '내렸다 올리기'를 반복하는 운동.

그릭요거트
SKIPPY

맥심[1] 공유

가시 돋친 말 마음에 생채기 남기고
무심코 던진 말 누군가에게 비수로 꽂히기도 하지만
부드러운 화답은 듣는 이 마음에 평안을 주네

잘 알지도 못하면서 떠벌려 입소문 내고
맞장구치며 거든 말 눈 깜짝할 새 온 누리 떠돌지만
아는 만큼만 전하는 진실, 세상 혼돈 바로잡네

더도 말고 덜도 말고 원하는 만큼만 제공하는 정보
중언부언하거나 군더더기 덧붙이지 않은 진실
간결하고 명료한 말은 마음속에 새겨지네

아는 만큼만 말하기
알고 싶어 하는 진실만 전하기
화제와 관련된 내용만 간결하고 명료하게 말하기

바로
이 시간 여기서
우리 함께 맥심 공유해요

"유순한 대답은 분노를 쉬게 하여도
과격한 말은 노를 격동하느니라" (잠 15:1)

---

1) Paul Grice (1989)의 "대화의 격률(Maxims of Conversation)"을 가리킴.

talk
talk
talk
톡
톡

비밀번호

군부대 위병소 야간 근무자
암구호 응답 요구하네
출입자 확인하려

내 컴퓨터 내가 사용하려는데
비밀번호 입력하라 하네
컴퓨터 켤 때마다

내 명의로 개설된 계좌에서 내가 입출금하려는데
아이디와 비밀번호 입력하라 하네
온라인 뱅킹 시도할 때마다

회원 가입된 인터넷 누리집에 접속하려는데
아이디와 비번 입력하라 하네
누리집 방문 때마다

외출 후 내 집에 내가 들어가려는데
비밀번호 입력하라 요구하는
출입문 디지털 시건장치

개수도 많은데 수시로 변경해야 하는 아이디와 비번
디지털 시대를 살아가는 우리
오늘도 반복되는 병정놀이

사용자

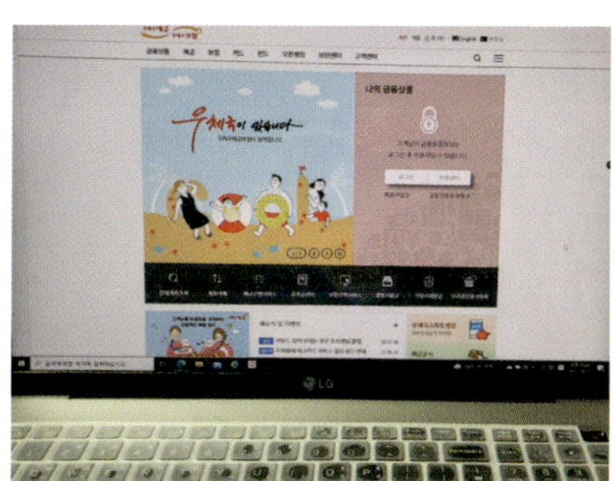
나의 금융상품

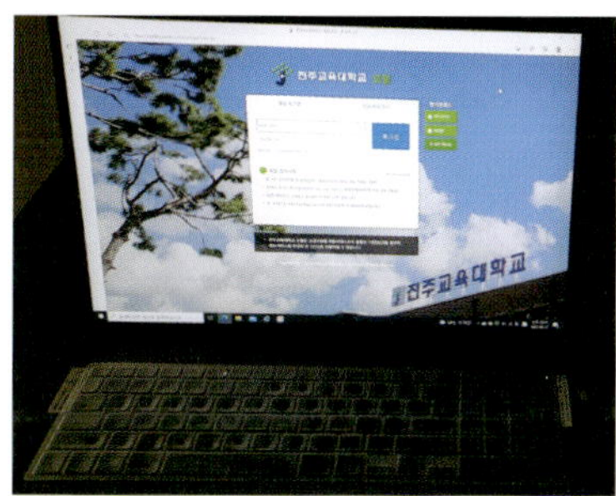
전주교육대학교

태극기

선열들의 숭고한 희생을 기리며
조기弔旗 게양하는
현충일

기폭만큼 내려서 달아야 하는데
깃대 길이 충분치 않아
어정쩡하게 달렸네

해외에선 태극기 펄럭이는 모습만 보여도
애국가 반주만 들려도
울컥하곤 했고

정시에 게양하고 정시에 하기下旗하던 시절
애국가 들려오면 하던 일 멈추고 소리 나는 곳 향해
오른손 왼쪽 가슴에 대곤 했네

이념 따라 선동 도구가 되기도 하고
신념 따라 장신구나 패션이 되는
태극기

흰색 바탕 네 모서리에 균형 맞춰 위치한
건이감곤乾離坎坤 검은색 네 괘卦와
중앙의 상홍하청上紅下靑 태극

상생과 조화의 소우주일세

꾀꼬리

미루나무서 들리는 맑고 경쾌한 소리
누군가의 휘파람 소린가

참새목 꾀꼬리과에 속하며
사월경 한반도를 찾고 시월 말경 남쪽으로 날아가는 철새

노란색과 검은색이 조화를 이루고 있음에도
'황조'로 불리는 예쁜 새

해충과 식물의 열매를 먹는
우리게 이로운 새

청아한 목소릴 가진 이 일컫는 칭송
'꾀꼬리 같은 목소리'

찾고 싶은 것 쉬 찾지 못할 때 하는 푸념
'못 찾겠다 꾀꼬리'

매일 아름다운美 꾀꼬리鶯와 사는 난
참 행복한 사람

손길

건지산[1] 산책길엔
'등산객과 함께 가꾸는 꽃밭' 구간이 있다

누군가 첫 펭귄이 되어 일궈 논
산책길 양쪽 화단

정성으로 가꾼 꽃들
철철이 고운 자태 자랑하네

어떤 꽃은 울타리 되어 주고
무리 지어 핀 꽃은 예쁜 문양이 되기도 하네

정갈하게 관리된 꽃밭
보는 이마다 즐기고 볼 때마다 감탄하네

누군가의 시작이 없었더라면
누리지 못할 소소한 행복

참 고마운
첫 펭귄의 손길

---

1) 전라북도 전주시 덕진구에 위치한 해발고도 101m의 산으로 전북대학교 학술림으로 관리되고 있으며, 주변에 조경단과 한국소리문화의 전당, 오송지와 전주동물원 및 혼불문학공원(최명희 묘) 등이 있음.

발문

거울 앞에서

장 욱 시인

〈발문〉

거울 앞에서

장 욱 시인

나를 들여다 보듯 그를 만났다.

이인 교수는 중학교 친구이다.

오랜 세월이지만 옆에서 함께 늘 보고 자란 나무들처럼 푸른 이야기들이 싱그럽게 팔랑대었다 .

같은 대학을 다녔지만 지나가는 계절처럼 그렇게 우리들의 시간은 스쳐 지나갔다. 이인 교수가 미국에 가서 유학을 하고, 돌아와 교수가 되어 있을 때 우연히 한 교회에서 장로로 직분을 감당하고 있는 그를 보았다. 역시 이인은 이인다웠다. 중학교 어린 시절이었지만 공부하는 자세, 친구들 대하는 심성, 깊은 눈빛이 아름다웠기 때문이다.

나에게 발문을 쓰라고 했을 때 사실 많이 난감했지만, 거절할 수는 더욱 없었다. 지금까지 시만 썼지 평론적 기술이 필요한 어떤 해설서는 써 본 적이 없었기 때문이라는 핑계를 앞세우고 싶었지만, '커피 한잔하자'며 찾아온 친구의 손을 뿌리칠 수는 없었다.

1. 잠언적 성찰에 스며들다

나는 문학을 하면서 항상 두 가지를 염두에 두었다.

무엇을 쓰는가, 어떻게 쓰는가 였다. 여기서 무엇은 주제 혹은 내용이고, 어떻게는 표현 방법 또는 문장적 기술이라고 미루어 생각했다.

그가 들고 온 『그루터기 단상 일지』라는 시사집詩寫集(이하 『그루터기』라 칭함.)을 읽어 가면서 그의 인격과 학문과 신앙과 문학이 함께 어깨를 기대고 담겨 있음을 보았다. 종이 뒤에서 풍겨나는 향기를 맡으며 행복했다.

이인 교수의 시사집詩寫集 『그루터기』는 먼저 살아가고 있는 사람(선생)들의 경험적 성찰인 일종의 잠언이라고 할 수 있다.

성서의 「잠언」에서는 "다윗의 아들 이스라엘의 왕 솔로몬의 잠언이라 이는 지혜와 훈계를 알게 하며 명철의 말씀을 깨닫게 하며 지혜롭게, 공의롭게, 정의롭게, 정직하게 행할 일에 대하여 훈계를 받게 하며 어리석은 자를 슬기롭게 하며 젊은 자에게 지식과 근신함을 주기 위한 것이니" 하였으니, 이인 교수의 『그루터기』는 훈계보다는 지혜가 부드럽고 온유하게 기술된 잠언이라고 할 수 있다.

시 〈(1)[1] 보물을 하늘에 쌓아두라〉에서 성경 말씀을 맨 처음 시에 화두처럼 제시하고 있다. 이는 앞으로 전개될 내용의 실마리가 되는 것이다. 한 편의 시와 함께 나란히 걸려 있는 액자 같은 사진 한 면에 마음이 갔다. 푸른 하늘과 그 푸르름에 닿기 위하여 흔들리는 나뭇가지들이 우리들의 심약한 영혼의 간절함 같았

1) 이런 번호는 원문에는 없지만 해설의 편의상 붙인 것임.

다. 두 번째 시 〈(2)인사〉에서 보면, '인사'는 사람의 일이 아니던가. 마찬가지로 옆면 사진에서 손을 들고 인사하는 모습이 그림자가 져 자신은 그 모습을 바라보게 되는 피사체가 되어 있었다. 나를 들여다보고 있는 것이다. '나'라고 하는 실존을 다시 응시해 보라는 것이다. 모든 깨우침은 나로부터 우러나오는 것이다.

이 잠언의 성찰을 효과적으로 나타내기 위하여 시와 에세이와 사진을 융합하고 있다.

다시 말하면 시적 형식과 에세이의 서사적 장치와 사진의 이미지를 병치의 방법으로 배치하고 있는 것이다.

2. 시적 내밀한 전략이 배어 있다

왜 이인 교수는 그냥 에세이로 서술해도 되었을 텐데 굳이 시 형태로 던져 놓는가. 이는 시적 특성을 살리고자 하는 내밀한 전략이 배어 있는 것이다.

이인 교수는 시 쓰기부터 글쓰기를 시작하였다.

작은 논들이 인생의 주름살처럼 겹겹이 겹쳐져 한 세상, 한 세월의 나이테를 형성하는 다랭이논 같은 아련한 학창 시절로 되돌아간다.

중학교 전교생 백일장에서 이인 학생은 장원 상을 받았다. 나는 그 다음 차상이었다. 그때 이인의 시가 나의 머릿속에 아름다운 편린으로 떠돌고 있다. '딸기'라는 시였던 것으로 기억한다. 탐스러운 딸기들이 빨갛게 익어가는 딸기밭을 지나가는 나그네는 발걸음을 멈출 수밖에 없다는 감명 깊은 서정을 잊을 수 없다. 정년퇴직을 하는 이 나이 되도록 ….

이인은 아름다운 서정시의 샘을 가슴 가장 깊은 곳에 품고 살아온 내 마음의 시인이었던 것이다.

나의 눈가에 눈물이 어린다. 그 옛날 정읍중학교 옆 충렬사의 꽃잎들에 맺힌 이슬방울처럼. 나의 가슴을 쿡 찌르고 들어온 이인이라는 친구 녀석, 그가 세월의 지층을 통렬하게 쪼개고 있다.

그 순수하고 깨끗하고 맑은 소년의, 서정의 샘이 어찌 마를 수 있었겠는가. 어떻게 시라는 깊고 긴 강물을 거슬러 올라오는 투명한 언어의 기억이 제 몸을 떠날 수 있었겠는가.

풀잎처럼 나뭇잎처럼 하늘의 별빛처럼 아무 말 없이 다가선 친구의 시편들이 나를 뜨겁게 한다.

(사실 나는 점심 먹으라는 아내의 부름에도 응답하지 못하고 눈꺼풀 속에 눈물을 감추고 있다.)

시란 무엇인가.

사무사(思無邪)라는 동양적 사고에서 출발한다.

사악함이 없는 생각, 깨끗함이 시의 근원이다. 요즘 세대 아니, 어느 시대를 막론하고 시가 그 가치를 잃을 때는 시 속에 진실이 결여된 때이다. 하고많은 말 중에 시는 가장 정점에 이른 슬픔이기도 하고 아픔이기도 하고, 아름다운 절정(絕頂), 곧 결정(潔淨)이 되어야 한다. 가장 정제된 언어 형식 속에서 그 행간 행간마다 꿈틀거리는 빛과 지혜와 철학과 시대 정신이 흘러가고 있다.

그리고 시는 하나의 노래가 된다. 끊이지 않고 파동치는 율격이야말로 우리의 핏줄이 되어 내 몸 속속들이 흘러 다니며 나를 만들어 준다. 그럼으로써 나의 이성은 차갑게 하고, 나의 가슴은 용솟음치게 한다. 뭇사람들의 심장에 이르러서는 울림이 되고 감동이 되어 세상을 일으켜 세운다.

한국의 시는 한옥과도 같고 한복과도 같다.

우리의 정신과 문화를 담고 있는 그릇이 될 수도 있다. 버릴 것은 다 버리고 채울 것은 다 담아 채운, 견고하고 흐트러짐 없는 맵시이다.

시는 선비의 언어이다.

이인 교수는 학자요, 교육자로서의 이 시대 선비이다. 그가 하는 일의 문제가 아니라, 그의 성품과 타고난 성정이 더욱 선비다운 선비이다. 적어도 나는 그렇게 생각해 오고 있다.

나는 한때 한 권의 시집을 내놓기 위하여 전주의 정신이 무엇일까 하고 궁구해 본 적이 있다. 결론적으로 전주의 정신은 선비 정신이요, 풍류 정신이라는 대해(大海)에 이르게 되었다.

여기에서 선비 정신은 큰 사랑이요, 예절을 갖춘 품격을 지닌 자요, 사회에 대하여 정의를 실현하는 자로 요약했다. 여기에 더하여 나는 온고이지신(溫故而知新)이라는 정신 하나를 더하고 싶다.

이인 교수의 눈빛은 내가 이런 그의 정신을 읽어 내기에 충분했다.

그의 시편들에서는 맑고 깨끗함은 물론이요, 온고이지신(溫故而知新) 같은 옛 정서에 익숙한, 그것들이 샘물이 되어 주는 정신적 본향의 향기가 가득하다.

과거는 단순히 지나간 날들이 아니다. 우리들의 뿌리가 되어 준다. 꽃들이 꽃을 피우기 위해서는 작은 씨앗이 터져 뿌리가 나오고 줄기와 가지와 잎이 자라면서 꽃을 맺고 피운다. 탐스러운 꽃봉오리 속에는 뿌리가 지구의 깊은 데까지 뻗어 나가 필요한 모든 것을 길어 올린다. 나일강 가의 키 큰 나무들처럼.

이인 교수는 지나간 날들을 허투로 버리지 않고 어느 기억의 창고에 박물관처럼 잘 간직해 두었던 것이다. 이제 그 보물 창고에 들어가 가장 아름다운 빛을 꺼내오는 것이다.

그의 시적 전략이었던 것이다.

3. 에세이라는 서사적 강물을 건너다

에세이의 서사적 특성을 지니고 있다.

에세이의 본래 의미는, 우리나라 문학적 분류에서 말하는 수필이라는 문학 장르와는 약간의 차이가 있다.

수필은 자기의 이야기를 붓 가는 대로 쓰는 극히 자유로운 문학적 양식이지만, 에세이는 지식과 이성적 사고를 바탕으로 사회 인식과 그에 대한 비판적 심안도 깔려 있는 것이다.

이인 교수의 모든 시편들에서는 위에서 언급한 에세이적 서사가 주를 이루고 있다.

단순하고 짧은 문장들에서도 이 시대의 나아가야 할 방향을 제시하기도 하고, 사람이 사람답게 살아가야 할 미덕을 가리키기도 한다.

두어 해 전 기역 자字로 굽은 허리 휠체어에 부린 채
아들딸 몇인지 헤아리며 열까진 세시고
함께 산 손주들 이름은 부르시더니만

"엄니, 그 총기聰氣 다 어데 두셨소?"

코로나19로 유리창 너머로만 뵙는 쇠락한 모습
양손엔 치매 장갑 코엔 음식물 주입 사관蛇管
누가 왔다 가는지 누군지 알아보지 못하셔도
"엄니 또 올게요!"
〈(4)시 엄니, 그 총기 다 어데 두셨소?〉의 일부

위 시의 구절마다 이어지는 행간의 애틋한 어머니에 대한 마음 씀씀이가 애달프기도 하고, 자식으로서의 소회가 잔잔하지만 가슴 깊이 박히게 한다. 효는 예의 근본이었다. 그러나 요즘 시대에 와서는 어느 만큼 달라졌다는 게 사실이다. 자식으로서의 최소한의 의무 정도(병원의 의료 섬김 정도)로. 그러나 이인 교수의 시에는 부모 자식간 사랑의 애틋함이 흐르는 시냇물처럼 면면히 흐르고 있다.

"연애는 필수 결혼은 선택"
연애, 결혼, 출산 꺼리는 삼포 세대三抛世代
취업, 내 집 마련 포길 더하면 오포五抛
건강, 외모 관리 포길 더하면 칠포七抛
희망, 인간관계 포길 더하면 구포九抛
다음엔 엔포n抛
그다음은?
3, 5, 7, 9, … n, … ∞

구포에서 인간관계 포길 빼면 팔포八抛
희망 포길 빼면 칠포七抛

외모 관리 포길 빼면 육포六抛
건강 포길 빼면 오포五抛
내 집 마련 포길 빼면 사포四抛
취업 포길 빼면 삼포三抛
출산 포길 빼면 이포二抛
결혼 포길 빼면 일포一抛
연애 포길 빼면 영零
9, 8, 7, 6, 5, 4, 3, 2, 1, 0,

포길 더하면 반점,
빼면 온점.
더하면 한限 없네
줄이고 빼서
삼三 말고 영零에서
다시 시작하세!
〈(6)시 포길 더하면 반점, 빼면 온점.〉의 일부

한참 들여다 보았다.

'포기(give up)'의 더하기와 빼기의 언술이다.

'포기(give up)'를 계속 이어가면 반점(,)이 되어 자꾸 숫자가 늘어가 나중에는 무한대(… ∞)가 되고, '포기(give up)'라고 하는 것을 자꾸 빼어 나가면 온점(.) 즉 마침표 '영零에서 다시 시작하세!'에 이르게 되는, 상당히 수리적이면서 번득이는 이성적 냉철함을 엿볼 수 있다.

시대의 지성인으로서 우리 사회 현상을 우려하고 스스로 우리 사회의 길잡이가 되어 주는 등불을 올려놓아 주는 속 깊은 선비의 모습이 투명하게 들여다보인다.

4. 사진은 세계로의 통로이다

타자와의 통로, 크게는 우주로의 뚫림이다. 나 자신에게는 자신과의 싸움이다.

아래 두 장의 사진의 의미망은 뚫림이다. 나를 뚫어내는 것이다. 세계를 열고 본다. 겨울을 뚫고 봄이 흐르기 시작한다, 어둠을 뚫고 해가 솟아나온다.

이인 교수의 사진들 속에 있는 피사체들은 현재의 모습이다. 실존이다. 하나의 분명한 현상학이다.

그러나 그 사진들이 보여 주는 내밀한 의미들은 심상치 않다. 그것들은 보이지 않는 근원에 닿아 있기 때문이다.

겨울(동토, 추위, 얼음, 생명작용 중단, 오랜 쉼, 기다림, 인내)과 어둠(어제, 가버린 시간, 죽음, 돌아올 수 없음, 절망)이 배경으로 깔려 있다. 어쩌면 막힌 담을 형성하고 있다.

위 배경이 되는 겨울 숲과 어둠의 공통점은 검은빛이라는 것이다. 캄캄함이다. 절망으로 치환되기도 한다.

그러나 동양 사상으로 접근해 보면 관(觀) 현(玄) 묘(妙)를 한 자리에서 설명하고 있다.

관(觀)은 견(見)이나 시(視)가 단순히 물체의 형상이 눈에 비쳐 알게 되는 시각 작용의 측면을 지시하는 것에 비해 관(觀)은 정신적인 것을 지시하는 경향이 있다. 즉 육체적 눈으로 보는 것이 아닌, 내면의 눈으로 본질을 꿰뚫어 보는 것을 의미(불교의 혜안과 상통함.)한다.

〈(3)시「물」에서〉

〈(10)시「신축년 원단 기원」에서〉

현(玄)과 묘(妙)도 무심의 미학과 밀접한 관련어로 쓰이고 있다. 즉 그 근본이 되는 것을 현(玄)이라 하고, 현은 모든 묘가 나오는 문(門)이라고 설명하고 있다. 여기서 현과 묘는 본질과 현상의 관계로 이해해도 될 것이다.

현이란 깊고 깊어 말로 나타낼 수 없는 것을 의미한다. 그러한 현을 근본으로 하여 파생해 나온 현상(잎, 줄기, 꽃)이 묘인 것이다.[2)]

위에서 말하고 있는 현(玄)은 〈천자문〉에서 '하늘 천(天)' '따지(地)' 다음에 나오는 '검을 현(玄)'이다. 색으로 말하면 검음이요, 사상적 의미로 말하면 본질이다. 근원이라고 설명할 수 있다.

사진으로 돌아간다.

겨울 동토를 뚫고 나오는 봄 시냇물이나, 어둠을 뚫고 솟아나오는 태양은 근본, 근원으로부터 생성되는 묘, 즉 현상들인 것이다.

이인 교수의 사진 속에서 겨울과 아침 저편의 어둠은 죽어 있는 절망이 아니라, 우리 생의, 생명의 근원인 것이다.

산골짜기의 물은 강물의 수원이 되는 첫 발걸음이다. 옹달샘 다디단 물이 되어 우리 몸을 흘러 생명이 된다. 어미의 젖줄이 되어 주는 것이다. 그리고 겨울의 얼어붙은 동토를 뚫고 나와 봄을 이끌어 온다. 물은 하늘을 담아내고, 우리 마음을 비춰 주고 씻어 주는 사색의 거울이 되기도 한다.

---

2) 신은경,2014『風流』

어둠은 현(玄)이다. 어둠은 혼돈이다.

"태초에 하나님이 천지를 창조하시니라 땅이 혼돈하고 공허하며 흑암이 깊음 위에 있고 하나님의 영은 수면 위에 운행하시니라 하나님이 이르시되 빛이 있으라 하니 빛이 있었고"(창세기 1장 : 1~3절)

하나님의 영은 혼돈과 공허와 흑암 위에서 운행하시고, 그 혼돈과 공허와 흑암 위에서 빛이 있으라 하니 빛이 있었다. 빛은 처음 혼돈과 흑암에서 나왔다.

위에서 언급한 현(玄)은 혼돈과 공허와 흑암인 것이다. 그 무질서 속에서 빛이란 질서가 세상을 밝힌 것이다.

이인 교수의 사진은 그 배경이 잘 보이지 않지만 우리들 현재의 렌즈가 되어서 보이지 않는 것을 확대해 주고 밝혀 주는 혜안을 선물한다.

또한 현재를 살아가는 현대인들에게 사진 속 멀리에 있는 우리들의 과거(뿌리)를 끄집어 당겨서 깊이 있게 조명해 주고, 온고이지신의 지혜로 우리들의 부모님, 자연, 하나님과의 관계를 뚫어서 소통시켜 준다.

5. 그늘 미학에 잠기다

이인 교수의 『그루터기』에는 그늘의 미학이 담겨 있다.

> "늘그막 캠핑에 그늘막 하나면 족하지 뭘 더…"
> 〈(25)시 무박 캠핑 2〉

하늘은 파랗고 나무들은 그 키가 푸른 그늘을 드리운다. 그 아래 쉼이 그윽하다. 행복하다.

저 그늘은 어떻게 만들어지는가.

나무는 키를 키워야 한다. 잎을 피워야 한다. 하늘과 맞닿아 있다.

우리 판소리에 그늘이라는 용어가 있다. 판소리 창자가 험준한 연습 과정과 고뇌의 고독한 시간을 지나 다다른 예술적 경지에서 드리운 여유라 할까. 여백이라 할까. 울림이라 할까. 감동의 여울목에 이른 자를 그늘이 있는 소리꾼이라 이름하였다.

소리꾼이 아닌 우리 인생도 마찬가지로 어느만큼의 인생을 살고 나면 그 나름의 지혜와 여유와 통찰이 이루어내는 아늑한 그늘을 드리울 수 있게 된다.

"늘그막 캠핑에 그늘막 하나면 족하지 뭘 더…"

이 짧은 구절에서 그 그늘의 그윽함에 잠길 수 있다. 늘그막은 그늘막이 되어야 한다. 이웃이나 가족들에게 크게는 우리 사회에 산 그늘이 되면 더 좋다. 존경받는 인물이 될 수 있다.

그 경지는 어떤 경지인가. 어떻게 이를 수 있는가. '늘그막', '캠핑', '그늘막', '족하지' 이 네 어휘에 모든 여유와 자족과 생의 여백이 담겨 있다. 캠핑에 족한 그늘인 것이다. 캠핑은 집이 아니다. 몽골 유목민에게는 게르가 될 수 있고, 집이 아니라는 것은 집착이 없는 상태이다. 고착화된 집의 개념에서 탈피하여 자유로움에 날개가 있다. '족하고' 있잖은가. 우리 옛시조에 나물 먹고 물 마시고 팔 베고 누웠으면 대장부 족하지 않은가 라고 읊조리고 있다. 집이라는 고치 속에 갇혀 있던 애벌레가 나방이가 되어 고치의 벽을 뚫고 날개를 훨훨 하늘하늘 날아가는 것이다.

아집 같은 자기의 이념이나 학문도 다 내려놓고 이제는 쉬는 것이다. 어디에서? 그늘에서. 스스로 이뤄 놓은 향기로운 그늘 아래 자신을 눕혀 안식하는 것이다.

이인 교수는 어렵거나 난해한 어휘와 문장 구조를 사용하지 않는다. 일상적 언어 구사이다. 그러나 그 짧고 단정한 통사 구조

속에서 수행 스님의 화두 같은, 사순절 긴 기도 끝에 이른 부활의 깨달음 같은 신앙생활의 모습이 겸허하게 담겨 있다.

6. 신앙적 참회와 고백, 자연이라는 텃밭의 현상학

신앙적 참회와 고백, 자연이라는 텃밭의 현상학이 모티브가 되었다.

행함 없는 연약한 믿음 회개하며
말씀 순종의 삶 살기로
다시금 다짐해 보네
〈(17)시 십자가 형상의 나무〉

때가 되면 떠나는 나그네새
언젠가 떠날 우리 인생도 게르솜
〈(20)시 4월의 베틀못〉

누가 시키지 않아도
누가 부르지 않아도
때가 되면 나타나고
때가 되면 떠나가네
〈(23)시 개개비〉

〈(17)시 십자가 형상의 나무〉에서 보면, 호숫가에 멍하니 서 있는 나무의 형상에서 예수님의 십자가를 발견한다. 이는 단순하게 생각하면 그러려니 할 수 있지만, 신앙의 깊이에서 발견한 깨달음이다. 위에서 언급한 것처럼 단순한 현상 뒤(배경)에는 본질이 숨어 있는 것이다. 잎도 없는 겨울나무라는 가느다랗고 어설픈 현상 저편에 자리하고 있는 보물을 발견하는 것은 그만의 혜안이 있기 때문이다. 성서에서 밭을 갈다가 보물이 땅속에 묻혀 있으면 그 밭 전체를 사라는 교훈이 있다. 육적 눈으로 볼 수 없는 진리를 찾아내라는 것이다. 행함 없는 연약한 믿음을 회개하며 말씀 순종의 삶을 살기로 다시금 다짐해 보는 '순종'이라는 보배로운 신앙적 가치를 발견하는 것이야말로 신앙인의 겸허한 고백과 거듭남의 삶이라 할 수 있다.

「때가 되면 떠나는 나그네새가 나뿐인가.」 떠날 줄 아는 것도 삶의 지혜이며, 인생 철학의 커다란 덕목이다.

이 시행에서는 '때가 되면', '떠나는', '나그네새', '나뿐인가'의 어휘들을 살펴볼 필요가 있다.

'때가 되면'은 선한 싸움을 다 싸우고 달려갈 길을 다 달려가 승리를 안은 자에게 다가오는 성취감이다. '떠나는'에서는 결단과 양보와 배려가 함축되어 있다. 떠나야 할 때 떠나지 못하고 미련과 욕심을 부리는 인생을 얼마든지 찾아볼 수 있다. 그 뒷모습은 아름답지 않다. '나그네새' 앞에서 잠깐 나 자신을 되돌아보면 좋겠다. 나도 너도 나그네가 아니든가. 나그네는 거처가 확실하지 않다. 그러나 우리 인생은 나와 내가 가진 소유에 대한 집착이 아주 강하다. 하늘에 있는 것도 땅 위에 있는 것도 땅속에 있는 것도 다 나의 것으로 착각한다. 그러나 떠날 때는 아무것도 아님은 누구나 다 아는 상식이다. 하지만 그 상식을 받아들이지 못하고 망설이는 연약한 모습이 나의 모습인 것이다. '나뿐인가'에 이르면 우리 모두의 공유적 사유에서 피어나는 매화 꽃잎 같다. 흔들림과 떨림과 아쉬움 속에서 나그네 된 자의 숙명을 아련하게 받아들이는 것이다.

세상에 쉬운 것은 아무것도 없다. 고독한 결단에 이르러서는 더욱 나 자신을 외롭게 한다. 한 선비의 깨달음 속에서 맑은 큰 갓 위로 흰 구름이 무심히 흘러감을 본다.

「누가 시키지 않아도/ 누가 부르지 않아도/ 때가 되면 나타나고/ 때가 되면 떠나가네」 이 시행에 이르면 누가 '시키지' 않아도, 누가 '부르지' 않아도, '때가 되면 떠나가네'에 다다르게 된다.

'무심'은 몰아일체화된 세계, 있는 그대로의 사물 현상 속에 주체가 용해되어 주체와 객체를 둘로 갈라놓을 수 없는 상태를 표현한다. 즉 사물 대상 속으로 뛰어 들어가 내면적으로 그것을 느끼고 스스로가 그것의 생명과 하나가 되는 경지를 의미한다.

이인 교수의 위 시편에서 때가 되면 누가 시키지 않아도, 부르지 않아도 나타나고 떠나갈 수 있는 무심의 경지에 닿아 있음을 본다.

'가야 할 때가 언제인가를 분명히 알고 가는 이의 뒷모습은 얼마나 아름다운가' 라는 어느 시인의 시가 새삼 이인 교수의 뒷모습과 겹쳐 보인다.

이인 교수의 정년퇴직을 진심으로 축하합니다.

앞으로의 인생행로가 하나님께 돌아가는 순례자의 아름다운 뒷모습이 되기를 기원합니다.

“밤나무와 상수리나무가 베임을 당하여도 그 그루터기는 남아 있는 것같이 거룩한 씨가 이 땅의 그루터기니라” (이사야 6장 13절)

두방정원에서 친구 장욱 씀

이 인 詩寫集

그루터기 단상 일지

인 쇄 2021년 7월 26일
발 행 2021년 7월 31일

지은이 이 인
발행인 서정환
펴낸곳 신아출판사
주 소 전북 전주시 완산구 공북 1길 16
전 화 (063) 275-4000, 252-5633
이메일 sina321@hanmail.net
출판등록 제465-1984-000004호

ISBN 979-11-5605-932-5(03810)
값 10,000원